金融企业会计丛书

# 商业银行会计
## 习题与解答

（修订版）

王允平／编

立信会计 出版社
LIXIN ACCOUNTING PUBLISHING HOUSE

图书在版编目(CIP)数据

商业银行会计习题与解答：修订版 / 王允平编.
—上海：立信会计出版社，2014.3
ISBN 978-7-5429-4161-9

Ⅰ.①商… Ⅱ.①王… Ⅲ.①商业银行—银行会计—题解 Ⅳ.①F830.42-44

中国版本图书馆CIP数据核字(2014)第036300号

责任编辑　　方士华
封面设计　　周崇文

## 商业银行会计习题与解答(修订版)

| | | | | |
|---|---|---|---|---|
| 出版发行 | 立信会计出版社 | | | |
| 地　　址 | 上海市中山西路2230号 | 邮政编码 | 200235 | |
| 电　　话 | (021)64411389 | 传　　真 | (021)64411325 | |
| 网　　址 | www.lixinaph.com | 电子邮箱 | lxaph@sh163.net | |
| 网上书店 | www.shlx.net | 电　　话 | (021)64411071 | |
| 经　　销 | 各地新华书店 | | | |
| 印　　刷 | 上海肖华印务有限公司 | | | |
| 开　　本 | 880毫米×1230毫米 | 1/32 | | |
| 印　　张 | 2.625 | | | |
| 字　　数 | 63千字 | | | |
| 版　　次 | 2014年3月第1版 | | | |
| 印　　次 | 2014年3月第1次 | | | |
| 印　　数 | 1—3 100 | | | |
| 书　　号 | ISBN 978-7-5429-4161-9/F | | | |
| 定　　价 | 10.00元 | | | |

如有印订差错，请与本社联系调换

# 前　言

由于《商业银行会计》(第三版)已出版,本书根据《商业银行会计》(第三版)各章内容(除第一章"银行会计概述"和第十四章"或有事项的处理"以外)配置习题与习题解答。读者通过大量习题操练,可以更好地熟悉和掌握商业银行会计的业务处理。

本书供财经院校专业教学和银行在职人员学习使用。

编　者
2014 年 3 月

# 目 录

## 习 题

第二章　银行会计核算方法 …………………………………… 3
　习题一 ………………………………………………………… 3
　习题二 ………………………………………………………… 5
第三章　商业银行存款业务核算 ……………………………… 8
　习题三 ………………………………………………………… 8
第四章　商业银行贷款业务核算 ……………………………… 11
　习题四 ………………………………………………………… 11
第五章　社会支付结算业务核算 ……………………………… 14
　习题五 ………………………………………………………… 14
第六章　现金出纳业务核算 …………………………………… 17
　习题六 ………………………………………………………… 17
第七章　商业银行系统内往来的核算 ………………………… 20
　习题七 ………………………………………………………… 20
第八章　金融机构往来核算 …………………………………… 23
　习题八 ………………………………………………………… 23
第九章　外汇业务核算 ………………………………………… 27
　习题九 ………………………………………………………… 27
第十章　所有者权益核算 ……………………………………… 30
　习题十 ………………………………………………………… 30
第十一章　收入、成本费用及利润核算 ……………………… 33
　习题十一 ……………………………………………………… 33

第十二章　年终决算及财务报告 ⋯⋯⋯⋯⋯⋯⋯⋯⋯⋯ 37
　　习题十二 ⋯⋯⋯⋯⋯⋯⋯⋯⋯⋯⋯⋯⋯⋯⋯⋯⋯⋯ 37
第十三章　商业银行财务分析 ⋯⋯⋯⋯⋯⋯⋯⋯⋯⋯⋯⋯ 42
　　习题十三 ⋯⋯⋯⋯⋯⋯⋯⋯⋯⋯⋯⋯⋯⋯⋯⋯⋯⋯ 42

# 解　答

第二章　银行会计核算方法 ⋯⋯⋯⋯⋯⋯⋯⋯⋯⋯⋯⋯ 47
　　习题一解答 ⋯⋯⋯⋯⋯⋯⋯⋯⋯⋯⋯⋯⋯⋯⋯⋯ 47
　　习题二解答 ⋯⋯⋯⋯⋯⋯⋯⋯⋯⋯⋯⋯⋯⋯⋯⋯ 48
第三章　商业银行存款业务核算 ⋯⋯⋯⋯⋯⋯⋯⋯⋯⋯ 51
　　习题三解答 ⋯⋯⋯⋯⋯⋯⋯⋯⋯⋯⋯⋯⋯⋯⋯⋯ 51
第四章　商业银行贷款业务核算 ⋯⋯⋯⋯⋯⋯⋯⋯⋯⋯ 54
　　习题四解答 ⋯⋯⋯⋯⋯⋯⋯⋯⋯⋯⋯⋯⋯⋯⋯⋯ 54
第五章　社会支付结算业务核算 ⋯⋯⋯⋯⋯⋯⋯⋯⋯⋯ 57
　　习题五解答 ⋯⋯⋯⋯⋯⋯⋯⋯⋯⋯⋯⋯⋯⋯⋯⋯ 57
第六章　现金出纳业务核算 ⋯⋯⋯⋯⋯⋯⋯⋯⋯⋯⋯⋯ 59
　　习题六解答 ⋯⋯⋯⋯⋯⋯⋯⋯⋯⋯⋯⋯⋯⋯⋯⋯ 59
第七章　商业银行系统内往来的核算 ⋯⋯⋯⋯⋯⋯⋯⋯ 61
　　习题七解答 ⋯⋯⋯⋯⋯⋯⋯⋯⋯⋯⋯⋯⋯⋯⋯⋯ 61
第八章　金融机构往来核算 ⋯⋯⋯⋯⋯⋯⋯⋯⋯⋯⋯⋯ 63
　　习题八解答 ⋯⋯⋯⋯⋯⋯⋯⋯⋯⋯⋯⋯⋯⋯⋯⋯ 63
第九章　外汇业务核算 ⋯⋯⋯⋯⋯⋯⋯⋯⋯⋯⋯⋯⋯⋯ 66
　　习题九解答 ⋯⋯⋯⋯⋯⋯⋯⋯⋯⋯⋯⋯⋯⋯⋯⋯ 66
第十章　所有者权益核算 ⋯⋯⋯⋯⋯⋯⋯⋯⋯⋯⋯⋯⋯ 69
　　习题十解答 ⋯⋯⋯⋯⋯⋯⋯⋯⋯⋯⋯⋯⋯⋯⋯⋯ 69
第十一章　收入、成本费用及利润核算 ⋯⋯⋯⋯⋯⋯⋯ 71
　　习题十一解答 ⋯⋯⋯⋯⋯⋯⋯⋯⋯⋯⋯⋯⋯⋯⋯ 71

**第十二章　年终决算及财务报告** …… 73
　习题十二解答 …… 73
**第十三章　商业银行财务分析** …… 76
　习题十三解答 …… 76

# 习 题

# 第二章 银行会计核算方法

**【目的】** 练习借贷记账法在银行业务核算中的运用。

**【要求】** 根据下列发生的银行业务编制会计分录,并据以逐笔记入各科目的丁字型账户,结出借贷方本期发生额和期末余额,并进行本期发生额和期末余额的试算平衡。

## 习 题 一

根据某商业银行发生的下列业务,编制会计分录。

1. 兰新公司开出转账支票 2 000 元,从其存款账户中支付,转入万达公司存款账户。编制会计分录如下:

2. 客户张荣办理活期储蓄存款,存入现金 2 100 元。编制会计分录如下:

3. 五星公司存入销货收入现金 10 300 元。编制会计分录如下:

4. 纺织厂交来现金 3 060 元,归还贷款 3 000 元、利息 60 元。编制会计分录如下:

5. 客户张明持三年期定期储蓄存单办理取款,其中:本金 15 000 元,利息 459 元。编制会计分录如下:

6. 向万达公司发放短期贷款 8 000 元,转入其存款账户。编制会计分录如下:

7. 收到国家增加投资 100 000 元。编制会计分录如下:

8. 五星公司从其存款账户中归还贷款 20 000 元、利息 150 元。编制会计分录如下:

9. 购买电子设备一台 50 000 元,款项从中央银行支付。编制会计分录如下:

10. 万达公司开出现金支票,从存款账户中提取现金 5 000 元。编制会计分录如下:

# 习 题 二

根据上述会计分录登记丁字型账户,并结出借贷方本期发生额和期末余额进行试算平衡。

| 活期存款——兰新公司 | |
|---|---|
| | 期初余额　8 400 |
| 发生额 | |
| | 期末余额 |

| 活期存款——万达公司 | |
|---|---|
| | 期初余额　33 000 |
| 发生额 | |
| | 期末余额 |

| 活期存款——五星公司 | |
|---|---|
| | 期初余额　40 000 |
| 发生额 | |
| | 期末余额 |

## 商业银行会计习题与解答

| 活期储蓄存款——张荣 | |
|---|---|
| | 期初余额 50 000 |
| 发生额 | |
| | 期末余额 |

| 定期储蓄存款——张明 | |
|---|---|
| | 期初余额 70 000 |
| 发生额 | |
| | 期末余额 |

| 短期贷款——纺织厂 | |
|---|---|
| 期初余额 3 000 | |
| 发生额 | |
| 期末余额 | |

| 短期贷款——万达公司 | |
|---|---|
| 期初余额 10 000 | |
| 发生额 | |
| 期末余额 | |

| 短期贷款——五星公司 | |
|---|---|
| 期初余额 40 000 | |
| 发生额 | |
| 期末余额 | |

| 利 息 收 入 | |
|---|---|
| | |
| 发生额 | |
| | 期末余额 |

| 利 息 支 出 | |
|---|---|
| 发生额 | |
| 期末余额 | |

| 固定资产——电子设备 | |
|---|---|
| 期初余额 110 000 | |
| 发生额 | |
| 期末余额 | |

| 实 收 资 本 | |
|---|---|
| | 期初余额 200 000 |
| | 发生额 |
| | 期末余额 |

## 习 题

| 库 存 现 金 | |
|---|---|
| 期初余额 28 400 | |
| 发生额 | |
| 期末余额 | |

| 存放中央银行款项 | |
|---|---|
| 期初余额 210 000 | |
| 发生额 | |
| 期末余额 | |

借方发生额合计 = 贷方发生额合计

借方余额合计 = 贷方余额合计

# 第三章 商业银行存款业务核算

【目的】 练习商业银行存款业务的核算。
【要求】 根据下列业务编制会计分录。

## 习 题 三

根据某商业银行6月8日发生的下列业务,编制会计分录。

1. 客户刘华存入现金20 000元办理活期储蓄存款。编制会计分录如下:

2. 客户张文存入现金80 000元办理三年期定期储蓄存款,利率为1.89%。编制会计分录如下:

3. 五星公司交存现金35 000元。编制会计分录如下:

## 习  题

4. 双安商场存入销售收入现金 90 000 元。编制会计分录如下:




5. 开户企业方达科技集团交来现金 150 000 元,办理三年期定期存款,利率为 1.71%。编制会计分录如下:




6. 客户王胜持活期储蓄存折支取现金 6 000 元。编制会计分录如下:




7. 客户陈林方三年定期储蓄存单今日到期,凭存单前来支取本金 40 000 元,利率为 2.25%。编制会计分录如下:

利息＝

利息税＝




8. 万林公司五年期定期存款存单 200 000 元今日到期,企业会计人员前来办理转存活期存款手续,定期存款利率为 2.88%。编制会计分录如下:

利息＝

9. 开户单位兰新公司开出现金支票 35 000 元提取现金。编制会计分录如下：

10. 开户单位明光中学存入学杂费收入现金 350 000 元。编制会计分录如下：

11. 2003 年 5 月 8 日，客户张宁存入五年期存本取息储蓄存款 100 000 元，利率为 2.79％，要求每月支取利息一次，2003 年 6 月 8 日前来支取利息。编制会计分录如下：
　　利息＝
　　利息税＝

12. 某商业银行吸收客户存款 20 000 元，存期 2 年，当时名义利率为 3％，到期一次支取本金和利息。按插值法其实际利率为 2.5％。编制第一年年初、第一年年末、第二年年末会计分录，编制支取存款本息的会计分录。

# 第四章 商业银行贷款业务核算

【目的】 练习商业银行贷款业务的核算。
【要求】 根据下列业务编制会计分录。

# 习 题 四

根据某商业银行6月10日发生的下列业务,编制会计分录。

1. 6月10日向兰新公司发放5个月的短期贷款80 000元,利率为5.04%,办理贷款手续。编制会计分录如下:



2. 去年11月10日,对万达公司发放7个月的短期贷款90 000元,今日到期尚未归还办理转账。编制会计分录如下:



3. 五星公司提出,将一台设备申请抵押贷款,设备原价150 000元。经信贷部门批准,同意发放抵押贷款100 000元,期限为8个月,利率为5.31%。编制会计分录如下:

### 商业银行会计习题与解答

4. 新兴公司归还去年 8 月 10 日借款 100 000 元,利率为 5.31%,办理还款手续。编制会计分录如下:

贷款利息=

5. 去年 9 月 10 日,发放给五星公司的抵押贷款 130 000 元,已逾期 2 个月,应收利息 5 294.25 元,银行经批准处理,将抵押品设备一台价值为 18 万元转作银行账务处理。编制会计分录如下:

6. 以题 5 为例,银行实行拍卖抵押品收到货币资金 140 000 元存入中央银行,收回贷款本息,剩余部分退还五星公司。编制会计分录如下:

7. 以题 5 为例,银行实行拍卖抵押品,收到货币资金 133 000 元,存入中央银行,未收回的利息在坏账准备中核销。编制会计分录如下:

8. 以题 5 为例,银行实行拍卖抵押品,收到货币资金 120 000 元,

## 习 题

存入中央银行,未收回的本金和利息经批准由银行核销。编制会计分录如下:

9. 兰新公司持银行承兑汇票一张,面值 300 000 元,到期日为 11 月 10 日,申请办理贴现。经信贷部门批准同意贴现,月贴现利率为 6‰,办理贴现手续。编制会计分录如下:

贴现利息＝

实付贴现金额＝

10. 收到系统内开户银行划回已办贴现的商业承兑汇票 150 000 元,贴现申请人为新兴公司。编制会计分录如下:

11. 某商业银行向长城公司发放 3 年期 1 000 万元贷款。合同利率为 6%,初始确认该贷款时所确定的实际利率为 6.5%。贷款每年收取利息 60 万元。计算每年末的贷款摊余成本并编制相应的会计分录。(每年收取利息 60 万元,账务处理省略)

# 第五章　社会支付结算业务核算

**【目的】**　练习商业银行社会支付结算业务的核算。
**【要求】**　根据下列业务编制会计分录。

# 习　题　五

根据某商业银行 6 月 12 日发生的下列业务,编制会计分录。

1. 万达公司开出转账支票 13 000 元,要求办理银行汇票,持往异地购买材料一批。编制会计分录如下:

2. 五星公司持银行汇票及送款单要求办理收账,银行汇票是异地系统内银行签发,金额为 50 000 元。编制会计分录如下:

3. 万达公司持银行汇票及送款单要求办理收账,银行汇票是异地系统内银行签发,金额为 60 000 元,送款单为 55 000 元,余款退还。编

制会计分录如下:

4. 某公司采购员刘志交来现金字样银行汇票 8 000 元,要求第一次支取现金 4 000 元,经审核同意办理。编制会计分录如下:

5. 上月 12 日,新兴公司签发的银行汇票 70 000 元,今日由系统内代理解付行划来结算款项为 63 000 元,余款退还新兴公司。编制会计分录如下:

6. 宏昌公司交来现金 45 000 元,要求签发不定额本票。编制会计分录如下:

7. 五星公司提交转账支票 230 000 元,申请办理信汇,收款人为异地系统内银行开户的悦和公司。编制会计分录如下:

8. 万达公司的托收承付货款 45 000 元,承付期已满,未提出异议,办理付款手续,收款单位的开户银行为系统内。编制会计分录如下:

9. 兰新公司上月 20 日办理的委托收款 37 000 元,今由跨系统银行划来款项,凭中央银行转来收账通知办理转账。编制会计分录如下:

10. 新兴公司提交转账支票 200 000 元,申请办理单位使用的信用卡,经审查同意办理,手续费为 200 元。编制会计分录如下:

# 第六章 现金出纳业务核算

【目的】 练习商业银行现金出纳业务的核算。
【要求】 根据下列业务编制会计分录。

## 习 题 六

根据某商业银行 6 月 14 日发生的下列业务,编制会计分录。

1. 兰新公司存入现金 30 000 元。编制会计分录如下:

2. 万达公司开现金支票支取现金 16 000 元。编制会计分录如下:

3. 出纳付款专柜今日盘点库存现金,发现短缺 300 元,原因待查。编制会计分录如下:

4. 某客户持一枚 24K 金首饰,重为 20 克,当时每克收兑价为 96.40 元。编制会计分录如下:




5. 将收兑的 20 克黄金实物交售中央银行,编制会计分录如下:




6. 上月 28 日出纳收款专柜短款 150 元,现已查明原因是五星公司交款时少交 150 元,现已补交现金 150 元。编制会计分录如下:




7. 新兴公司按计划购买 24K 黄金 500 克,配售价为 82.10 元/克,调拨价为 79.80 元/克,办理配售手续。编制会计分录如下:

## 习 题

8. 出纳收款专柜今日盘点库存现金,发现多出 100 元,原因待查。编制会计分录如下:

9. 去年出纳短款 250 元,查不出原因,经批准作损失处理。编制会计分录如下:

10. 去年出纳长款 450 元,查不出原因,经批准作收益处理。编制会计分录如下:

11. 盘点贵金属时,发现 24K 金升重 1 克,当时收兑价为 80.20 元/克,作调整账务。编制会计分录如下:

# 第七章 商业银行系统内往来的核算

**【目的】** 练习商业银行系统内往来的核算。
**【要求】** 根据下列业务编制会计分录。

# 习 题 七

根据某县商业银行6月16日发生的下列业务,编制会计分录。

1. 收到客户兰新公司办理银行汇票收账业务30万元,付款人为系统内银行开户,发出借方报单30万元信息,办理往账借报录入。编制会计分录如下:

2. 收到客户万达公司办理委托收款的支付业务15万元,收款人为系统内银行开户,发出贷方报单15万元信息,办理往账贷报录入。编制会计分录如下:

习　题

　　3. 营业期间审核来账报单，其中借方报单单笔金额 11 万元，交易已完成。付款人为本行开户单位宏辉公司。编制会计分录如下：

　　4. 营业期间审核来账报单，其中贷方报单单笔金额 14 万元，交易已完成。收款人为本行开户单位明光公司。编制会计分录如下：

　　5. 本日汇兑和托收业务的来账报单交易全部完成，当日汇差为应付汇差 70 万元，由数据中心自动清算。其会计分录如下：

　　6. 支付本月上存省分行清算资金 500 万元，编制会计分录如下：

7. 根据资金管理部门提供的资金调拨单向省分行借入资金1 000万元,编制会计分录如下:

8. 本月提取应付省分行系统内借款利息40万元。编制会计分录如下:

9. 收到省分行支付系统内存款利息20万元。编制会计分录如下:

10. 本日系统内人民币资金清算总差额为应收汇差800万元,编制资金清算会计分录如下:

# 第八章 金融机构往来核算

**【目的】** 练习商业银行金融机构往来的核算
**【要求】** 根据下列业务编制会计分录。

# 习 题 八

根据某县商业银行6月20日发生的下列业务,编制会计分录。

1. 本日上午共提出代收票据82 000元,进行票据交换。编制会计分录如下:

2. 本日上午共提出代付票据93 000元,进行票据交换。编制会计分录如下:

3. 本日上午在票据交换所内应提回代收票据54 000元,应提回代付票据62 000元,在票据交换中当场进行差额清算。编制有关会计分录如下:

# 商业银行会计习题与解答

应提回代收票据分录：

应提回代付票据分录：

当场进行差额清算分录：

4. 交行需办理跨系统款项汇划至异地中国工商银行 46 000 元，按下列图示编制相关银行会计分录如下：

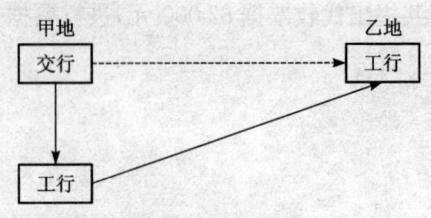

甲地
交 行：

工 行：

乙地
工 行：

## 习　题

5. 本行因临时资金短缺,经协商向同业建设银行拆借资金 3 000 000 元。编制会计分录如下:

6. 本旬有财政性存款余额 3 600 000 元,上旬已缴财政性存款 2 000 000 元,调整本旬财政性存款缴存数。编制会计分录如下:

7. 因季节性需要向中央银行借款 8 000 000 元,办理借款手续。编制会计分录如下:

8. 开出现金支票向中央银行支取现金 400 000 元。编制会计分录如下:

9. 6 月 20 日,将一批尚未到期的贴现商业汇票 9 800 000 元向中央银行申请再贴现,再贴现利率为 5.4%,贴现的商业汇票到期日为 10 月 20 日,正式办理再贴现手续。编制会计分录如下:

再贴现利息＝

再贴现金额＝

10. 本行需办理跨系统款项汇划至异地中国银行 5 600 000 元,按下列图示编制本行和中国银行会计分录如下:

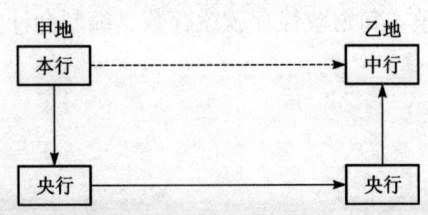

甲地
本行:


乙地:
中行

# 第九章 外汇业务核算

**【目的】** 练习商业银行外汇业务的核算。
**【要求】** 根据下列业务编制会计分录。

## 习 题 九

根据某商业银行分行 6 月 22 日发生的下列业务，编制会计分录。

1. 客户汪洋持 2 500 美元兑换人民币，当天 100 美元现汇买入价为 607 元人民币。编制会计分录如下：

2. 客户陈俊因出国学习，用人民币购买 20 000 美元，当天 100 美元现汇卖出价为 610 元人民币。编制会计分录如下：

3. 兰新公司从美元账户支付 30 000 美元兑换港元，汇往香港支付英林公司的货款，当天 100 美元现汇买入价为 607 元人民币、100 港

元现汇卖出价为 79 元人民币,办理汇款手续。编制会计分录如下:

4. 万达公司持 5 000 美元现金存入现汇账户,当天 100 美元现钞买入价为 603 元人民币,100 美元现汇卖出价为 610 元人民币。编制会计分录如下:

5. 客户张文持 20 000 欧元存入活期储蓄现钞户。编制会计分录如下:

6. 新兴公司申请贷款 60 000 美元,期限为 7 个月,利率为 6.6%,经审核同意办理贷款手续。编制会计分录如下:

7. 五星公司向外发出商品一批,根据国外××银行开来即期信用证及全套单据 30 000 美元,向银行申请出口押汇,利率为 6%,自议付

## 习 题

日至预计收汇日为 15 天,经审核同意办理出口押汇手续。编制会计分录如下:

  押汇利息＝


8. 经批准向外地中万进出口公司发放买方信贷外汇贷款 100 000 美元,购买 BRST 型成套设备,期限为 2 年,利率为 6%,办理贷款手续。编制会计分录如下:


9. 客户陈毅元持外汇活期存款 150 000 日元,汇往东京,办理汇款时收取手续费现金 2 000 日元。编制会计分录如下:


10. 收到国外代理行寄来议付单据,转中万进出口公司,审核期已满,单位无异议,办理即期信用证 65 000 美元的付款手续。编制会计分录如下:

# 第十章 所有者权益核算

**【目的】** 练习商业银行所有者权益的核算。
**【要求】** 根据下列业务编制会计分录。

## 习 题 十

根据某商业银行发生的下列业务,编制会计分录。

1. 收到国家增加资本金 30 000 000 元。编制会计分录如下:

2. 收到国家投入办公用房屋 2 栋,价值为 10 000 000 元。编制会计分录如下:

3. 收到投资方 B 公司以无形资产 Y 专利投入,确认价值为 7 000 000元,进行账务处理。编制会计分录如下:

习 题

4. 收到外单位捐赠小型电子设备一台,确认价值为 90 000 元。编制会计分录如下:

5. 接受 N 公司捐赠款项 100 000 元,存入中央银行。编制会计分录如下:

6. 经批准将 5 000 000 元资本公积转为资本金。编制会计分录如下:

7. 从税后利润中提取 10% 的法定盈余公积 2 000 000 元。编制会计分录如下:

8. 从税后利润中提取 8% 的法定公益金 600 000 元。编制会计分录如下:

9. 将法定公益金 600 000 元,准备用于银行集体福利设施。编制会计分录如下:

10. 经董事会研究批准,动用盈余公积 1 000 000 元作为现金股利发放。编制会计分录如下:

# 第十一章　收入、成本费用及利润核算

【目的】　练习商业银行收入、成本费用及利润的核算。
【要求】　根据下列业务编制会计分录。

## 习 题 十 一

根据某商业银行发生的下列业务,编制会计分录。

1. 收到中央银行转来收款凭证 3 400 000 元,系存款准备金的利息收入。编制会计分录如下:

2. 收到财政部门交来 1 张转账支票 540 000 元,系代发行国库券的手续费收入,存入中央银行。编制会计分录如下:

3. 因办理外汇兑换和汇率变动,发生净收益 980 000 元,进行账务处理。编制会计分录如下:

4. 支付中国银行同业存款利息 230 000 元,进行账务处理。编制会计分录如下:

5. 发放本月职工工资 170 000 元,进行账务处理。编制会计分录如下:

6. 按 5% 税率计算,应交营业税金 600 000 元、附加 12 000 元,进行账务处理。编制会计分录如下:

7. 银行全年的利息收入 80 000 000 元,手续费及佣金收入 20 000 000 元,金融企业往来收入 35 000 000 元,其他营业收入 8 000 000 元,汇兑收益 7 500 000 元,投资收益 4 500 000 元,营业外收入 740 000 元,利息支出 61 000 000 元,金融企业往来支出 32 000 000 元,手续费及佣金支出 6 500 000元,业务及管理费用 42 000 000 元,营业税金及附加 5 775 000 元,其他营业支出 350 000 元,汇兑损失 2 300 000元,营业外支出 400 000 元,根据这些账务资料核算利润总额,编制会计分录如下:

8. 根据上题核算的利润总额,按 33%税率计算应交所得税额。编制会计分录如下:

9. 根据上题核算的税后净利润。编制会计分录如下：

10. 将可分配利润转利润分配账户。编制会计分录如下：

# 第十二章　年终决算及财务报告

【目的】　练习商业银行财务报告的编制。

【要求】　根据下列业务资料编制会计报表。

## 习 题 十 二

根据某商业银行下列年末各有关科目的资料,编制财务报告。

（单位:万元）

| 科　　目 | 年初 | 年末 | 科　　目 | 年初 | 年末 |
| --- | --- | --- | --- | --- | --- |
| 库存现金 | 26 000 | 31 000 | 活期存款 | 360 000 | 430 000 |
| 存放中央银行款项 | 340 000 | 410 000 | 活期储蓄存款 | 44 000 | 55 000 |
| 存放同业 | 3 400 | 5 600 | 财政性存款 | 6 700 | 8 600 |
| 拆放同业 | 370 | 860 | 同业存放 | 340 | 520 |
| 短期贷款 | 75 000 | 84 000 | 同业拆入 | 120 | 230 |
| 进出口押汇 | 320 | 540 | 借入款项 | 110 | 240 |
| 应收利息 | 870 | 420 | 汇出汇款 | 360 | 640 |
| 其他应收款 | 34 | 41 | 应解汇款 | 210 | 430 |
| 坏账准备 | 2 | 3 | 应付利息 | 120 | 310 |
| 其他应收款净额 | 32 | 38 | 应付职工薪酬 | 2 010 | 2 720 |
| 贴现 | 760 | 890 | 应交税费 | 12 | 25 |
| 交易性金融资产 | 262 | 671 | 其他应付款 | 23 | 4 |
| 中长期贷款 | 5 400 | 8 300 | 定期存款 | 5 700 | 8 330 |

(续表)

| 科目 | 年初 | 年末 | 科目 | 年初 | 年末 |
|---|---|---|---|---|---|
| 逾期贷款 | 580 | 430 | 定期储蓄存款 | 6 400 | 7 800 |
| 呆滞贷款 | 12 | 10 | 应付债券 | 2 500 | 3 200 |
| 呆账贷款 | 6 | 4 | 其他长期负债 | 120 | 210 |
| 贷款呆账准备 | 23 | 18 | | | |
| 持有至到期投资 | 5 800 | 6 200 | | | |
| 长期股权投资 | 220 | 350 | 所有者权益 | 37 102 | 38 319 |
| 长期投资减值准备 | 11 | 14 | 实收资本 | 28 500 | 29 400 |
| 固定资产 | 7 000 | 7 600 | 资本公积 | 8 330 | 8 460 |
| 累计折旧 | 210 | 320 | 盈余公积 | 240 | 418 |
| 固定资产净值 | 6 790 | 7 280 | 其中:公益金 | 36 | 43 |
| 其他长期资产 | 39 | 54 | 未分配利润 | 32 | 41 |

(单位:万元)

| 科目 | 上年 | 本年 |
|---|---|---|
| 营业收入 | 5 204 | 8 250 |
| 利息收入 | 2 497 | 3 560 |
| 金融企业往来收入 | 287 | 345 |
| 手续费及佣金收入 | 1 500 | 2 900 |
| 汇兑收益 | 600 | 980 |
| 其他营业收入 | 320 | 465 |
| 营业支出 | 6 741 | 7 896 |
| 利息支出 | 1 997 | 2 445 |
| 金融企业往来支出 | 225 | 312 |
| 手续费及佣金支出 | 530 | 675 |

习 题

（续表）

| 科 目 | 上 年 | 本 年 |
|---|---|---|
| 业务及管理费用 | 3 318 | 3 687 |
| 汇兑损失 | 231 | 167 |
| 其他营业支出 | 190 | 215 |
| 营业税金及附加 | 250 | 395 |
| 营业利润 | −1 537 | 354 |
| 投资收益 | 2 137 | 3 015 |
| 营业外收入 | 180 | 230 |
| 营业外支出 | 190 | 215 |
| 利润总额 | 590 | 3 384 |
| 所得税 | 195 | 1 117 |
| 净利润 | 395 | 2 267 |

1. 根据有关科目资料编制资产负债表如下：

## 资 产 负 债 表

（单位：万元）

| 资 产 | 年初 | 年末 | 负债及所有者权益 | 年初 | 年末 |
|---|---|---|---|---|---|
| 流动资产 | | | 流动负债 | | |
| 库存现金 | | | 活期存款 | | |
| 存放中央银行款项 | | | 活期储蓄存款 | | |
| 存放同业 | | | 财政性存款 | | |
| 拆放同业 | | | 同业存放 | | |
| 短期贷款 | | | 同业拆入 | | |
| 进出口押汇 | | | 借入款项 | | |
| 应收利息 | | | 汇出汇款 | | |
| 其他应收款 | | | 应解汇款 | | |

(续表)

| 资　　产 | 年初 | 年末 | 负债及所有者权益 | 年初 | 年末 |
|---|---|---|---|---|---|
| 减:坏账准备 | | | 应付利息 | | |
| 其他应收款净额 | | | 应付职工薪酬 | | |
| 贴现 | | | 应交税费 | | |
| 交易性金融资产 | | | 其他应付款 | | |
| 流动资产合计 | | | 流动负债合计 | | |
| 长期资产 | | | 长期负债 | | |
| 中长期贷款 | | | 定期存款 | | |
| 逾期贷款 | | | 定期储蓄存款 | | |
| 呆滞贷款 | | | 应付债券 | | |
| 呆账贷款 | | | 其他长期负债 | | |
| 减:贷款呆账准备 | | | 长期负债合计 | | |
| 持有至到期投资 | | | 负债合计 | | |
| 长期股权投资 | | | 所有者权益 | | |
| 减:长期投资减值准备 | | | 实收资本 | | |
| 固定资产 | | | 资本公积 | | |
| 减:累计折旧 | | | 盈余公积 | | |
| 固定资产净值 | | | 其中:公益金 | | |
| 其他长期资产 | | | 未分配利润 | | |
| 资产总计 | | | 负债及所有者权益总计 | | |

会计主管：　　　　　　复核：　　　　　　制表：

## 习 题

2. 根据有关科目资料编制利润表如下：

### 利 润 表

（单位：万元）

| 项　　　目 | 上　　年 | 本　　年 |
|---|---|---|
| 一、营业收入 | | |
| 　利息收入 | | |
| 　金融企业往来收入 | | |
| 　手续费及佣金收入 | | |
| 　汇兑收益 | | |
| 　其他营业收入 | | |
| 二、营业支出 | | |
| 　利息支出 | | |
| 　金融企业往来支出 | | |
| 　手续费及佣金支出 | | |
| 　业务及管理费用 | | |
| 　汇兑损失 | | |
| 　其他营业支出 | | |
| 三、营业税金和附加 | | |
| 四、营业利润 | | |
| 　投资收益 | | |
| 　营业外收入 | | |
| 　营业外支出 | | |
| 五、利润总额 | | |
| 　所得税 | | |
| 六、净利润 | | |

会计主管：　　　　　　复核：　　　　　　制表：

# 第十三章 商业银行财务分析

【目的】 练习商业银行财务分析。
【要求】 根据有关会计报表资料进行分析。

## 习 题 十 三

根据习题十六有关会计报表资料：本银行资本为 415 370 000 元，其核心资本 383 190 000 元，附属资本 32 180 000 元，扣除对外股权投资 3 500 000 元，计算银行的资本与资产比率、资本与贷款比率、资本与存款比率、核心资本占资本总额的比率、存贷款比率、中长期贷款比率、流动资产与流动负债比率、利润率、资产利润率、成本率。

资本与资产比率＝

资本与贷款比率＝

资本与存款比率＝

核心资本占资本总额的比率＝

存贷款比率＝

中长期贷款比率＝

流动资产与流动负债比率＝

## 习　题

利润率＝

资产利润率＝

成本率＝

# 解　答

# 第二章 银行会计核算方法

## 习 题 一 解 答

根据某商业银行发生的下列业务，编制会计分录如下：

1.

  借：活期存款——兰新公司            2 000

    贷：活期存款——万达公司          2 000

2.

  借：库存现金               2 100

    贷：活期储蓄存款——张荣          2 100

3.

  借：库存现金              10 300

    贷：活期存款——五星公司          10 300

4.

  借：库存现金               3 060

    贷：短期贷款——纺织厂           3 000

      利息收入              60

5.

  借：定期储蓄存款——张明           15 000

    利息支出               459

    贷：库存现金              15 459

6.
 借：短期贷款——万达公司        8 000
  贷：活期存款——万达公司        8 000

7.
 借：存放中央银行款项         100 000
  贷：实收资本           100 000

8.
 借：活期存款——五星公司        20 150
  贷：短期贷款——五星公司        20 000
   利息收入           150

9.
 借：固定资产——电子设备        50 000
  贷：存放中央银行款项         50 000

10.
 借：活期存款——万达公司        5 000
  贷：库存现金           5 000

# 习题二解答

根据上述会计分录登记丁字型账户，并结出借贷方本期发生额和期末余额进行试算平衡如下：

| 活期存款——兰新公司 | | | | 活期存款——万达公司 | | | |
|---|---|---|---|---|---|---|---|
| | | 期初余额 | 8 400 | | | 期初余额 | 33 000 |
| ① | 2 000 | | | | | ① | 2 000 |
| 发生额 | 2 000 | | | ⑩ | 5 000 | ⑥ | 8 000 |
| | | 期末余额 | 6 400 | 发生额 | 5 000 | | 10 000 |
| | | | | | | 期末余额 | 38 000 |

# 解 答

**活期存款——五星公司**

|   |   |   |   |
|---|---|---|---|
|   |   | 期初余额 | 40 000 |
| ⑧ | 20 150 | ③ | 10 300 |
| 发生额 | 20 150 |   | 10 300 |
|   |   | 期末余额 | 30 150 |

**活期储蓄存款——张荣**

|   |   |   |
|---|---|---|
|   | 期初余额 | 50 000 |
|   | ② | 2 100 |
| 发生额 |   | 2 100 |
|   | 期末余额 | 52 100 |

**定期储蓄存款——张明**

|   |   |   |
|---|---|---|
|   | 期初余额 | 70 000 |
| ⑤ | 15 000 |   |
| 发生额 | 15 000 |   |
|   | 期末余额 | 55 000 |

**短期贷款——纺织厂**

|   |   |   |   |
|---|---|---|---|
| 期初余额 | 3 000 |   |   |
|   |   | ④ | 3 000 |
| 发生额 |   |   | 3 000 |
| 期末余额 | 0 |   |   |

**短期贷款——万达公司**

|   |   |   |   |
|---|---|---|---|
| 期初余额 | 10 000 |   |   |
| ⑥ | 8 000 |   |   |
| 发生额 | 8 000 |   |   |
| 期末余额 | 18 000 |   |   |

**短期贷款——五星公司**

|   |   |   |   |
|---|---|---|---|
| 期初余额 | 40 000 |   |   |
|   |   | ⑧ | 20 000 |
| 发生额 |   |   | 20 000 |
| 期末余额 | 20 000 |   |   |

**利 息 收 入**

|   |   |   |
|---|---|---|
|   | ④ | 60 |
|   | ⑧ | 150 |
| 发生额 |   | 210 |
|   | 期末余额 | 210 |

**利 息 支 出**

|   |   |   |
|---|---|---|
| ⑤ | 459 |   |
| 发生额 | 459 |   |
| 期末余额 | 459 |   |

· 49 ·

## 商业银行会计习题与解答

| 固定资产——电子设备 | |
|---|---|
| 期初余额 110 000 | |
| ⑨ 50 000 | |
| 发生额 50 000 | |
| 期末余额 160 000 | |

| 实 收 资 本 | |
|---|---|
| | 期初余额 200 000 |
| | ⑦ 100 000 |
| | 发生额 100 000 |
| | 期末余额 300 000 |

| 库 存 现 金 | |
|---|---|
| 期初余额 28 400 | |
| ② 2 100 | |
| ③ 10 300 | |
| ④ 3 060 | ⑤ 15 459 |
| | ⑩ 5 000 |
| 发生额 15 460 | 20 459 |
| 期末余额 23 401 | |

| 存放中央银行款项 | |
|---|---|
| 期初余额 210 000 | |
| ⑦ 100 000 | ⑨ 50 000 |
| 发生额 100 000 | 50 000 |
| 期末余额 260 000 | |

借方发生额合计　贷方发生额合计
216 069＝216 069

借方余额合计　贷方余额合计
481 860＝481 860

# 第三章 商业银行存款业务核算

## 习题三解答

根据某商业银行6月8日发生的下列业务,编制会计分录如下:

1.

    借:库存现金    20 000

      贷:活期储蓄存款——刘华    20 000

2.

    借:库存现金    80 000

      贷:定期储蓄存款——张文    80 000

3.

    借:库存现金    35 000

      贷:活期存款——五星公司    35 000

4.

    借:库存现金    90 000

      贷:活期存款——双安商场    90 000

5.

    借:库存现金    150 000

      贷:定期存款——方达科技    150 000

6.

    借:活期储蓄存款——王胜    6 000

      贷:库存现金    6 000

7.

$$利息 = 40\,000 \times 3 \times 2.25\% = 2\,700(元)$$

$$利息税 = 2\,700 \times 20\% = 540(元)$$

| | |
|---|---|
| 借：定期储蓄存款——陈林方 | 40 000 |
| 　　利息支出 | 2 700 |
| 　贷：其他应付款——利息税 | 540 |
| 　　　库存现金 | 42 160 |

8.

$$利息 = 200\,000 \times 5 \times 2.88\% = 28\,800(元)$$

| | |
|---|---|
| 借：定期存款——万林公司 | 200 000 |
| 　　利息支出 | 28 800 |
| 　贷：活期存款——万林公司 | 228 800 |

9.

| | |
|---|---|
| 借：活期存款——兰新公司 | 35 000 |
| 　贷：库存现金 | 35 000 |

10.

| | |
|---|---|
| 借：库存现金 | 350 000 |
| 　贷：财政性存款——明光中学 | 350 000 |

11.

$$100\,000 \times 5 \times 2.79\% \div 5 \div 12 = 232.50(元)$$

$$利息税 = 232.50 \times 20\% = 46.50(元)$$

| | |
|---|---|
| 借：利息支出 | 232.50 |
| 　贷：其他应付款——利息税 | 46.50 |
| 　　　库存现金 | 186.00 |

12.

第一年初账务处理：

解　答

　　借：库存现金　　　　　　　　　　　　　　　　　　20 000
　　　贷：吸收存款——定期存款(本金)　　　　　　　　20 000
第一年末(资产负债表日)账务处理：
　　借：利息支出　　　　　　　　　　　　　　　　　　500
　　　　吸收存款——定期存款(利息调整)　　　　　　　100
　　　贷：应付利息　　　　　　　　　　　　　　　　　600
支付存入资金利息。
　　借：应付利息　　　　　　　　　　　　　　　　　　600
　　　贷：吸收存款——定期存款(本金)　　　　　　　　600
第二年末账务处理：
　　借：利息支出　　　　　　　　　　　　　　　　　　512.50
　　　　吸收存款——定期存款(利息调整)　　　　　　　87.50
　　　贷：应付利息　　　　　　　　　　　　　　　　　600.00
支付存入资金利息。
　　借：应付利息　　　　　　　　　　　　　　　　　　600
　　　贷：吸收存款——定期存款(本金)　　　　　　　　600
支付存款本息。
　　借：吸收存款——定期存款(本息)　　　　　　　　　21 200
　　　贷：库存现金　　　　　　　　　　　　　　　　　21 200
　　借：利息支出　　　　　　　　　　　　　　　　　　187.50
　　　贷：吸收存款——定期存款(利息调整)　　　　　　100.00
　　　　　吸收存款——定期存款(利息调整)　　　　　　87.50

该项存款的初始计量与后续计量如下：

| 第一年初始成本 | 按实际利率计量的利息费用 | 实际支付利息费用 | 期末摊余成本 |
| --- | --- | --- | --- |
| 20 000 | 500 | 0 | 20 500 |
| 第二年初始成本 | | | 期末摊余成本 |
| 20 500 | 512.50 | 0 | 21 012.50 |

# 第四章 商业银行贷款业务核算

## 习题四解答

根据某商业银行6月10日发生的下列业务,编制会计分录如下:

1.
  借:短期贷款——兰新公司            80 000
    贷:活期存款——兰新公司          80 000

2.
  借:逾期贷款——万达公司           90 000
    贷:短期贷款——万达公司          90 000

3.
  借:抵押贷款——五星公司           100 000
    贷:活期存款——五星公司          100 000
    收:代保管有价值品             150 000

4.
      贷款利息 $= 100\,000 \times 10 \times 5.31\% \div 12 = 4\,425$(元)
  借:活期存款——新兴公司           104 425
    贷:短期贷款——新兴公司          100 000
      利息收入                4 425

5.
  借:固定资产                180 000.00
    贷:逾期贷款——五星公司          130 000.00
      应收利息                5 294.25
      累计折旧                44 705.75
    付:代保管有价值品             180 000

## 解 答

6.
| | | |
|---|---|---|
| 借：存放中央银行款项 | | 140 000.00 |
| 贷：逾期贷款——五星公司 | | 130 000.00 |
| 　　应收利息 | | 5 294.25 |
| 　　活期存款——五星公司 | | 4 705.75 |

7.
| | | |
|---|---|---|
| 借：存放中央银行款项 | | 133 000.00 |
| 　　坏账准备 | | 2 294.25 |
| 贷：逾期贷款——五星公司 | | 130 000.00 |
| 　　应收利息 | | 5 294.25 |

8.
| | | |
|---|---|---|
| 借：存放中央银行款项 | | 120 000.00 |
| 　　贷款损失准备 | | 10 000.00 |
| 　　坏账准备 | | 5 294.25 |
| 贷：逾期贷款——五星公司 | | 130 000.00 |
| 　　应收利息 | | 5 294.25 |

9.

贴现利息 = 300 000 × 5 × 6‰ = 9 000(元)

实付贴现金额 = 300 000 − 9 000 = 291 000(元)

| | | |
|---|---|---|
| 借：贴现——兰新公司 | | 300 000 |
| 贷：活期存款 | | 291 000 |
| 　　利息收入 | | 9 000 |
| 收：代保管有价值品——银行承兑汇票 | | 300 000 |

10.
| | | |
|---|---|---|
| 借：辖内上存款项 | | 150 000 |
| 贷：贴现——新兴公司 | | 150 000 |
| 付：代保管有价值品——商业承兑汇票 | | 150 000 |

11. 每年年末的贷款后续计量为：

第一年年末

$$1\,000+1\,000\times 6.5\%-60=1\,005 \text{ 万元}$$

第一年年末该贷款的摊余成本：1 005 万元。

会计分录如下：

 借：贷款科目（利息调整）        50 000

  贷：利息收入          50 000

第二年年末

$$1\,005\times(1+6.5\%)\ 60=1\,010.32 \text{ 万元}$$

第二年年末该贷款的摊余成本：1 010.32 万元。

会计分录如下：

 借：贷款科目（利息调整）        5 320 000

  贷：利息收入          5 320 000

第三年年末

$$1\,010.32\times(1+6.5\%)\ 60=1\,015.99 \text{ 万元}$$

第三年年末该贷款的摊余成本：1 015.99 万元。

会计分录如下：

 借：贷款科目（利息调整）        5 670 000 元

  贷：利息收入          5 670 000 元

第三年年末收回贷款

 借：吸收存款或存放中央银行款项      10 159 900 元

  贷：贷款——本金         10 000 000 元

    贷款——利息调整       159 900 元

每年利息收入、现金流入及年末摊余成本如下：

金额单位：万元

| 年份 | 期初摊余成本(1) | 实际利息(2) 按6.5%计算 | 现金流入(3) | 期末摊余成本(4)=(1)-(2)-(3) |
|---|---|---|---|---|
| 2005 | 1 000 | 65 | 60 | 1 005 |
| 2006 | 1 005 | 65.32 | 60 | 1 010.32 |
| 2007 | 1 010.32 | 65.67 | 60 | 1 015.99 |

# 第五章 社会支付结算业务核算

## 习题五解答

根据某商业银行 6 月 12 日发生的下列业务,编制会计分录如下:

1.

  借:活期存款——万达公司          13 000
    贷:汇出汇款             13 000

2.

  借:辖内上存款项            50 000
    贷:活期存款——五星公司        50 000

3.

  借:辖内上存款项            55 000
    贷:活期存款——万达公司        55 000

4.

  借:辖内上存款项            8 000
    贷:应解汇款——刘志          8 000
  借:应解汇款——刘华           4 000
    贷:库存现金             4 000

5.

  借:汇出汇款             70 000
    贷:辖内上存款项           63 000
      活期存款——新兴公司        7 000

6.

 借：库存现金   45 000
  贷：开出本票——不定额本票户   45 000

7.

 借：活期存款——五星公司   230 000
  贷：辖内上存款项   230 000

8.

 借：活期存款——万达公司   45 000
  贷：辖内上存款项   45 000

9.

 借：存放中央银行款项   37 000
  贷：活期存款——兰新公司   37 000

10.

 借：活期存款——新兴公司   200 200
  贷：信用卡备用金存款——新兴公司   200 000
   手续费及佣金收入   200

# 第六章 现金出纳业务核算

## 习题六解答

根据某商业银行 6 月 14 日发生的下列业务,编制会计分录如下:

1.

    借:库存现金                                     30 000

        贷:活期存款——兰新公司               30 000

2.

    借:活期存款——万达公司               16 000

        贷:库存现金                                16 000

3.

    借:其他应收款——待处理出纳短款       300

        贷:库存现金                                   300

4.

            20 克 $\times 24 \times 0.0415 \times 96.40 = 1\,920.29$(元)

    借:贵金属——黄金户                     1 920.29

        贷:库存现金                                1 920.29

5.

    借:存放中央银行款项                    1 920.29

        贷:贵金属——黄金户                    1 920.29

6.

 借：库存现金               150
  贷：其他应收款——待处理出纳短款      150

7.

$$500\ 克 \times 24 \times 0.0415 \times 82.10 = 40\ 885.80(元)$$

$$500\ 克 \times 24 \times 0.0415 \times 79.80 = 39\ 740.40(元)$$

**按调拨价调入：**

 借：贵金属——黄金户          39 740.40
  贷：存放中央银行款项         39 740.40

**按配售价售出：**

 借：活期存款——新兴公司         40 885.80
  贷：贵金属——黄金户          39 740.40
   其他营业收入           1 145.40

8.

 借：库存现金               100
  贷：其他应付款——待处理出纳长款      100

9.

 借：营业外支出              250
  贷：其他应收款——待处理出纳短款      250

10.

 借：其他应付款——待处理出纳长款      450
  贷：营业外收入             450

11.

 借：贵金属——黄金户          79.88
  贷：其他营业收入            79.88

# 第七章 商业银行系统内往来的核算

## 习题七解答

根据某县商业银行 6 月 16 日发生的下列业务,编制会计分录如下:

1.

  借:辖内上存款项(往账)          300 000
    贷:活期存款——兰新公司存款户     300 000

2.

  借:活期存款——万达公司存款户     150 000
    贷:辖内上存款项(往账)        150 000

3.

  借:活期存款——宏辉公司存款户     110 000
    贷:辖内上存款项(来账)        110 000

4.

  借:辖内上存款项(来账)         140 000
    贷:活期存款——明光公司存款户     140 000

5.

  借:通存通兑往来            700 000
    贷:存放上级行清算资金        700 000

6.

  借:存放省分行清算资金        5 000 000
    贷:存放中央银行款项         5 000 000

7.

  借：存放中央银行款项          10 000 000
    贷：借入省分行短期款项        10 000 000

8.

  借：系统内资金往来利息支出       400 000
    贷：系统内往来款项应付利息       400 000

9.

  借：存放省分行清算资金         200 000
    贷：系统内资金往来利息收入       200 000

10.

  借：存放省分行清算资金         8 000 000
    贷：通存通兑往来           8 000 000

# 第八章 金融机构往来核算

## 习题八解答

根据某县商业银行 6 月 20 日发生的下列业务,编制会计分录如下:

1.

    借:××存款——各付款户　　　　　　　　　　　82 000
      贷:清算资金往来　　　　　　　　　　　　　　82 000

2.

    借:清算资金往来　　　　　　　　　　　　　　93 000
      贷:××存款——各收款户　　　　　　　　　　93 000

3.

应提回代收票据:

    借:清算资金往来　　　　　　　　　　　　　　54 000
      贷:××存款——各收款户　　　　　　　　　　54 000

应提回代付票据:

    借:××存款——各付款户　　　　　　　　　　62 000
      贷:清算资金往来　　　　　　　　　　　　　　62 000

当场进行差额清算:

    借:存放中央银行款项　　　　　　　　　　　　3 000
      贷:清算资金往来　　　　　　　　　　　　　　3 000

4.

甲地

交行：

| 借：活期存款 | 46 000 |
| 贷：同业存放款项——工行户 | 46 000 |

工行：

| 借：存放同业款项——交行户 | 46 000 |
| 贷：辖内上存款项——上存分行备付金存款户 | 46 000 |

乙地

工行：

| 借：辖内上存款项——上存分行备付金存款户 | 46 000 |
| 贷：活期存款 | 46 000 |

5.

| 借：存放中央银行款项 | 3 000 000 |
| 贷：同业拆入——建行户 | 3 000 000 |

6.

| 借：缴存中央银行财政性存款 | 1 600 000 |
| 贷：存放中央银行款项 | 1 600 000 |

7.

| 借：存放中央银行款项 | 8 000 000 |
| 贷：向中央银行借款——季节性贷款 | 8 000 000 |

8.

| 借：现金 | 400 000 |
| 贷：存放中央银行款项 | 400 000 |

9.

再贴现利息＝9 800 000×4×5.4‰÷12＝176 400(元)

# 解 答

再贴现金额＝9 800 000－176 400＝9 623 600(元)

借：存放中央银行款项　　　　　　　　　9 623 600
　　金融企业往来支出　　　　　　　　　　 176 400
　贷：票据融资　　　　　　　　　　　　　9 800 000

10.

甲地

本行：

借：活期存款　　　　　　　　　　　　　5 600 000
　贷：存放中央银行款项　　　　　　　　　5 600 000

乙地

中行：

借：存放中央银行款项　　　　　　　　　5 600 000
　贷：活期存款　　　　　　　　　　　　　5 600 000

# 第九章 外汇业务核算

## 习题九解答

根据某商业银行分行 6 月 22 日发生的下列业务,编制会计分录如下:

1.

  借:库存现金 USD             2 500
   贷:货币兑换 USD            2 500
  借:货币兑换 RMB            15 175
   贷:库存现金 RMB           15 175

2.

  借:库存现金 RMB            122 000
   贷:货币兑换 RMB           122 000
  借:货币兑换 USD            20 000
   贷:库存现金 USD           20 000

3.

  借:活期外汇存款——兰新公司美元户 USD    30 000
   贷:货币兑换 USD            30 000
  借:货币兑换 RMB            182 100
   贷:货币兑换 RMB           182 100
  借:货币兑换 HKD            230 506.33
   贷:港澳及国外联行往来 HKD       230 506.33

## 解 答

4.

| | |
|---|---|
| 借：库存现金 USD | 5 000 |
| 　贷：货币兑换 USD | 5 000 |
| 借：货币兑换 RMB | 30 150 |
| 　贷：货币兑换 RMB | 30 150 |
| 借：货币兑换 USD | 4 942.62 |
| 　贷：活期外汇存款——万达公司美元户 USD | 4 942.62 |

5.

| | |
|---|---|
| 借：库存现金 EUR | 20 000 |
| 　贷：活期储蓄存款——张文欧元户 EUR | 20 000 |

6.

| | |
|---|---|
| 借：短期外汇贷款——新兴公司美元户 USD | 60 000 |
| 　贷：活期外汇存款——新兴公司美元户 USD | 60 000 |

7.

押汇利息 $= 30\,000 \times 15 \times 6\% \div 360 = 75$（美元）

| | |
|---|---|
| 借：出口押汇 USD | 30 000 |
| 　贷：活期外汇存款——五星公司美元户 USD | 29 925 |
| 　　　利息收入 USD | 75 |

8.

| | |
|---|---|
| 借：买方信贷外汇贷款——中万公司美元户 USD | 100 000 |
| 　贷：全国联行外汇往来 USD | 100 000 |

9.

| | |
|---|---|
| 借：活期外汇存款——陈毅元日元户 JPY | 150 000 |
| 　贷：汇出汇款 JPY | 150 000 |
| 借：现金 JPY | 2 000 |
| 　贷：手续费及佣金收入 JPY | 2 000 |

10.

  借：活期外汇存款——中万公司美元户 USD    65 000
   贷：存放国外同业 USD    65 000

  借：开出信用证 USD    65 000
   贷：应收开出信用证 USD    65 000

# 第十章 所有者权益核算

## 习题十解答

根据某商业银行发生的下列业务,编制会计分录如下：

1.

  借：存放中央银行款项         30 000 000
    贷：实收资本——国家投资      30 000 000

2.

  借：固定资产——办公用房      10 000 000
    贷：实收资本——国家投资      10 000 000

3.

  借：无形资产——Y专利       7 000 000
    贷：实收资本——B公司       7 000 000

4.

  借：固定资产——电子设备       90 000
    贷：资本公积——接受捐赠      90 000

5.

  借：存放中央银行款项        100 000
    贷：资本公积——接受捐赠      100 000

6.

  借：资本公积            5 000 000
    贷：实收资本           5 000 000

7.

  借：利润分配——提取法定盈余公积     2 000 000
    贷：盈余公积——法定盈余公积     2 000 000

8.

  借：利润分配——提取法定公益金     600 000
    贷：盈余公积——法定公益金     600 000

9.

  借：盈余公积——法定公益金     600 000
    贷：盈余公积——任意盈余公积     600 000

10.

  借：盈余公积     1 000 000
    贷：应付股利     1 000 000

# 第十一章 收入、成本费用及利润核算

## 习题十一解答

根据某商业银行发生的下列业务,编制会计分录如下:

1.
 借:存放中央银行款项          3 400 000
  贷:金融企业往来收入         3 400 000

2.
 借:存放中央银行款项          540 000
  贷:手续费及佣金收入          540 000

3.
 借:货币兑换            980 000
  贷:汇兑收益            980 000

4.
 借:金融企业往来支出          230 000
  贷:存放中央银行款项         230 000

5.
 借:业务及管理费用——工资        170 000
  贷:应付职工薪酬           170 000

6.
 借:营业税金及附加           612 000
  贷:应交税费            600 000
    其他应付款——教育费附加       12 000

7.
   借：利息收入 80 000 000
   　　手续费及佣金收入 20 000 000
   　　金融企业往来收入 35 000 000
   　　其他营业收入 8 000 000
   　　汇兑收益 7 500 000
   　　投资收益 4 500 000
   　　营业外收入 740 000
   　　贷：本年利润 155 740 000
   借：本年利润 150 325 000
   　　贷：利息支出 61 000 000
   　　　　金融企业往来支出 32 000 000
   　　　　手续费及佣金支出 6 500 000
   　　　　业务及管理费用 42 000 000
   　　　　营业税金及附加 5 775 000
   　　　　其他营业支出 350 000
   　　　　汇兑损失 2 300 000
   　　　　营业外支出 400 000

8.
   借：所得税 1 787 000
   　　贷：应交税费——所得税 1 787 000

9.
   借：本年利润 1 787 000
   　　贷：所得税 1 787 000

10.
   借：本年利润 3 628 000
   　　贷：利润分配——未分配利润 3 628 000

# 第十二章 年终决算及财务报告

## 习题十二解答

根据某商业银行年末各有关科目的资料,编制资产负债表、利润表如下:

### 某商业银行年末资产负债表

(单位:万元)

| 资产 | 年初 | 年末 | 负债及所有者权益 | 年初 | 年末 |
|---|---|---|---|---|---|
| 流动资产 | | | 流动负债 | | |
| 库存现金 | 26 000 | 31 000 | 活期存款 | 360 000 | 430 000 |
| 存放中央银行款项 | 340 000 | 410 000 | 活期储蓄存款 | 44 000 | 55 000 |
| 存放同业 | 3 400 | 5 600 | 财政性存款 | 6 700 | 8 600 |
| 拆放同业 | 370 | 860 | 同业存放 | 340 | 520 |
| 短期贷款 | 75 000 | 84 000 | 同业拆入 | 120 | 230 |
| 进出口押汇 | 320 | 540 | 借入款项 | 110 | 240 |
| 应收利息 | 870 | 420 | 汇出汇款 | 360 | 640 |
| 其他应收款 | 34 | 41 | 应解汇款 | 210 | 430 |
| 减:坏账准备 | 2 | 3 | 应付利息 | 120 | 310 |
| 其他应收款净额 | 32 | 38 | 应付职工薪酬 | 2 010 | 2 720 |
| 贴现 | 760 | 890 | 应交税费 | 12 | 25 |
| 交易性金融资产 | 262 | 671 | 其他应付款 | 23 | 41 |
| 流动资产合计 | 447 014 | 534 019 | 流动负债合计 | 414 005 | 498 765 |

## 商业银行会计习题与解答

(续表)

| 资产 | 年初 | 年末 | 负债及所有者权益 | 年初 | 年末 |
|---|---|---|---|---|---|
| 长期资产 | | | 长期负债 | | |
| 中长期贷款 | 5 400 | 8 300 | 定期存款 | 5 700 | 8 330 |
| 逾期贷款 | 580 | 430 | 定期储蓄存款 | 6 400 | 7 800 |
| 呆滞贷款 | 12 | 10 | 应付债券 | 2 500 | 3 200 |
| 呆账贷款 | 6 | 4 | 其他长期负债 | 120 | 210 |
| 减:贷款呆账准备 | 23 | 18 | 长期负债合计 | 14 720 | 19 540 |
| 持有至到期投资 | 5 800 | 6 200 | 负债合计 | 428 725 | 518 296 |
| 长期股权投资 | 220 | 350 | 所有者权益 | 37 102 | 38 319 |
| 减:长期投资减值准备 | 11 | 14 | 实收资本 | 28 500 | 29 400 |
| 固定资产 | 7 000 | 7 600 | 资本公积 | 8 330 | 8 460 |
| 减:累计折旧 | 210 | 320 | 盈余公积 | 240 | 418 |
| 固定资产净值 | 6 790 | 7 280 | 其中:公益金 | 36 | 43 |
| 其他长期资产 | 39 | 54 | 未分配利润 | 32 | 41 |
| 资产总计 | 465 827 | 556 615 | 负债及所有者权益总计 | 465 827 | 556 615 |

会计主管:　　　　　复核:　　　　　制表:

### 某商业银行年末利润表

(单位:万元)

| 项目 | 上年 | 本年 |
|---|---|---|
| 营业收入 | 5 204 | 8 250 |
| 利息收入 | 2 497 | 3 560 |
| 金融企业往来收入 | 287 | 345 |
| 手续费及佣金收入 | 1 500 | 2 900 |
| 汇兑收益 | 600 | 980 |
| 其他营业收入 | 320 | 465 |

## 解 答

(续表)

| 项　　目 | 上　年 | 本　年 |
|---|---|---|
| 营业支出 | 6 741 | 7 896 |
| 利息支出 | 1 997 | 2 445 |
| 金融企业往来支出 | 225 | 312 |
| 手续费及佣金支出 | 530 | 675 |
| 业务及管理费用 | 3 318 | 3 687 |
| 汇兑损失 | 231 | 167 |
| 其他营业支出 | 190 | 215 |
| 营业税金及附加 | 250 | 395 |
| 营业利润 | −1 537 | 354 |
| 投资收益 | 2 137 | 3 015 |
| 营业外收入 | 180 | 230 |
| 营业外支出 | 190 | 215 |
| 利润总额 | 590 | 3 384 |
| 所得税 | 195 | 1 117 |
| 净利润 | 395 | 2 267 |

会计主管：　　　　复核：　　　　制表：

# 第十三章 商业银行财务分析

## 习题十三解答

根据习题十六的有关会计报表资料,计算结果如下:

资本与资产比率 = 41 187 ÷ 556 615 × 100% = 7.4%

资本与贷款比率 = 41 187 ÷ 94 174 × 100% = 43.7%

资本与存款比率 = 41 187 ÷ 509 730 × 100% = 8.08%

核心资本占资本总额的比率 = 38 319 ÷ 41 537 × 100% = 92.25%

存贷款比率 = 94 174 ÷ 509 730 × 100% = 18.48%

中长期贷款比率 = 8 300 ÷ 16 130 × 100% = 51.46%

流动资产与流动负债比率 = 534 019 ÷ 498 756 × 100% = 1.07%

利润率 = 3 384 ÷ 8 250 × 100% = 41.02%

资产利润率 = 2 267 ÷ 556 615 × 100% = 0.41%

成本率 = 7 896 ÷ 8 250 × 100% = 95.71%